RODÉO BLORK

SCÉNARIO ET DESSIN : MIDAM
COULEURS : ANGÈLE

D.2000/0089/182 — R.7/2005
ISBN 2-8001-2957-3
© Dupuis, 2000.
Tous droits réservés.
Imprimé en France chez Pollina - n° L20292.
www.dupuis.com

212

GUNS

C'EST LE FUSIL-MITRAILLEUR LE PLUS VENDU AU MONDE !

LE AK-47 ! COMMUNÉMENT APPELÉ "KALACHNIKOV" DU NOM DE SON GÉNIAL INVENTEUR.

RASSUREZ-VOUS, IL N'EST PAS CHARGÉ...

ET ÇA FAIT DU DÉGÂT ?

DU DÉGÂT ?! MAIS MONSIEUR CETTE ARME EST' RE-DOU-TABLE !

C'EST DU GROS CALIBRE : 7,62 MM AVEC DES CHARGEURS DE 30 CARTOUCHES...

...TRÈS FACILES À REMPLACER : 3 SECONDES.

HOP !

HOP !

KLAK

600 COUPS PAR MINUTE ! EN TIR DE SATURATION, UNE RAFALE DE 30 CARTOUCHES EST EXPÉDIÉE EN 3 SECONDES !

JE VOIS.

MONSIEUR, COMPRENEZ-MOI BIEN ! AVEC UNE ARME COMME CELLE-CI ET QUELQUES CHARGEURS, 150 CIBLES, MÊME MOUVANTES, N'ONT AUCUNE CHANCE DE S'EN TIRER !

RASSUREZ-VOUS, ELLE N'EST PAS CHARGÉE !

TRÈS PEU DE RECUL, ENTRETIEN DÉRISOIRE, LIVRÉ AVEC UNE HOUSSE DISPONIBLE EN 3 COLORIS...

JE VOUS FAIS UN EMBALLAGE CAD... ?

EUH... MONSIEUR ?

BIEN, VOICI VOTRE EXAMEN DE CALCUL : UN JUSTICIER PREND D'ASSAUT UN CIMETIÈRE FRÉQUENTÉ PAR 150 ZOMBIES. IL EST ARMÉ D'UN AK-47 "KALACHNIKOV", CALCULEZ LE NOMBRE DE CHARGEURS NÉCESSAIRES POUR NETTOYER LE CIMETIÈRE, SACHANT QU'UN CHARGEUR CONTIENT 30 BALLES ET QUE...

COOL !

21

COUCOU, LES PETITS RENARDS ! AUJOURD'HUI, NOUS RECEVONS SUR RADIO ROSE UN GENTIL DOCTEUR QUI VA NOUS EXPLIQUER TOUS VOS PETITS BOBOS ! VOUS VERREZ, IL EST INCOLLABLE !

UN PREMIER AUDITEUR ?

JE M'APPELLE LIONEL ET JE ME SUIS CASSÉ LE BRAS À LA GYM. COMBIEN DE TEMPS JE DEVRAI RESTER DANS LE PLÂTRE ?

LIONEL, LES OS ONT LEUR PROPRE ÉQUIPE DE RÉPARATION. QUAND UN OS SE CASSE, DES PETITS OUVRIERS SOUDEURS TRAVAILLENT POUR RECOLLER L'OS. ILS TRAVAILLENT TRÈS BIEN, SURTOUT SI TU NE BOUGES PAS, MAIS LENTEMENT... TU DOIS COMPTER 6 SEMAINES.

MERCI, DOCTEUR ! AUDITEUR SUIVANT ?

JE M'APPELLE MAXIME, J'AI 6 ANS ET J'AI LA ROUGEOLE. JE VOUDRAIS SAVOIR SI LES POINTS ROUGES VONT RESTER TOUJOURS.

CHARMANT !

BRAVE PETIT CŒUR !

HA! HA! IL EST FARCEUR LE VIRUS DE LA ROUGEOLE, HEIN ? FAIRE DES POINTS ROUGES PARTOUT, C'EST PAS GENTIL ÇA ! MAIS IL EST SURTOUT TRÈS MALIN ET TRÈS PETIT : PAS MOYEN DE LE COINCER... IL FAUT ATTENDRE QU'IL SE CALME ET QU'IL PARTE, TU SERAS GUÉRI DANS UNE SEMAINE !

MERCI, DOCTEUR ! UN AUTRE AUDITEUR ?

BONJOUR, DOCTEUR, J'AI UNE GANGRÈNE PURULENTE AIGUË AU GROS ORTEIL. JE VOUDRAIS SAVOIR DANS COMBIEN DE JOURS IL FAUDRA ME COUPER LA JAMBE.

UNE GANGR..? EUH... OUI, EUH... DANS UNE COUPE DE FRUITS, SI UNE POMME GÂTÉE TOUCHE UNE BANANE, IL FAUT JETER LA POMME ET LA BANANE... HMM, JE PEUX PARLER À TON PAPA ?

IL EST PARTI À CAUSE DE L'ODEUR, ALORS ? COMBIEN DE JOURS ?

ILS ONT COUPÉ.

ET HOP, COLLÉ, LE TOUBIB !

IL FAUT AMPUTER LA JAMBE APRÈS 9 JOURS, C'EST ÉCRIT NOIR SUR BLANC !

AH? EUH. NOUS AVONS PERDU NOTRE AUDITEUR ... HMM, UNE PAGE DE MUSIQUE...

KLONK

MALADIES RARES

217

TU VOIS, HORACE, CE JEU A LE GRAND AVANTAGE D'ÊTRE SITUÉ TOUT AU FOND DE LA SALLE.

AH OUI ? ET ALORS ?

OVNI

ET ALORS, ICI, JE PEUX DONNER LIBRE COURS À MA TECHNIQUE DE JEU !

BANZAÏ !

COOL !

PIOUUU PIOUU PIOU

BLENG KLONG

AWAWAWA WIF AWAWA WIF

AWAWAWA WAWAWAWA AWAWAWA

BEN, QU'EST-CE QUE C'EST QUE ÇA ?!

MON NOUVEAU SYSTÈME D'ALARME !

TIENS, TON BISCUIT PRÉFÉRÉ !

CITY

CE CHIEN DANGEREUX EST DRESSÉ À ABOYER DÈS QU'IL VOIT DES TERRORISTES DANS VOTRE GENRE S'EN PRENDRE AU FRAGILE MATÉRIEL DE CETTE SALLE...

KROK

KRR

CITY

FINI LA RIGOLADE, VOUS ÊTES PRÉVENUS !

VIENS RADAR !

GRRR

NON, CE N'EST PAS CELUI-LÀ... IL N'AVAIT PAS CET ARRIÈRE-GOÛT DE VANILLE...

KRR KR

KRRR

DANS CE CAS, IL S'AGIT PEUT-ÊTRE DU "ROYAL CROQUANT" OU ALORS DU "KROK" GOÛT MOELLE, IL MARCHE TRÈS BIEN !

JE VAIS PRENDRE POUR UN FRANC DE "SPÉCIAL PIZZA" ET JE VOUDRAIS REGOÛTER UN "KROK" GOÛT PANTOUFLE.

DOGGY SHOP

220

LES BONS TRUCS DE TANTE URSULE

Le carnaval approche. Et pourquoi ne pas vous déguiser à peu de frais ?

Aujourd'hui, je vous propose un maquillage très simple à réaliser. Vous avez besoin d'une boîte de "Pop Crunch".

C'est ce petit déjeuner aux céréales très apprécié des petites filles sages.

Les "Pop Crunch" ont l'avantage d'être de couleur chair et collants, surtout si on les mouille.

SLURP

BLBLBL

En fait, ils sont parfaits pour faire de sympathiques grimages.

Une fois que le "Pop Crunch" est bien humecté, il se ramollit et colle à la peau…

SLURP

SLURP

BLBLBL

Il suffit alors de l'appliquer à l'endroit de votre choix. Par exemple sur le nez ou sur le menton (comme les sorcières !).

ARGLLLLLLL

HIAAARG

Mais attention !

?

218A

Les "Pop Crunch" coûtent assez cher. Essayez de ne pas en abuser.

On peut toujours bien s'amuser sans gaspiller…

Et n'oubliez pas, les petits lapins, de bien nettoyer la cuisine…

… après votre forfait.

Et voilà, vous êtes prêts…

… à étonner toute la famille…

… et à passer un délicieux moment !

2188

UN ANTIVOL SUR LA BOÎTE À SANDWICHS D'HORACE ?!

BEN OUI, TU SAIS QU'ON LUI PIQUE RÉGULIÈREMENT SES SANDWICHS À LA CANTINE DE L'ÉCOLE...

SURTOUT QUAND MA MÈRE ME FAIT DES CHOCO-SALAMI !

"CHOCO-SALAMI,,?! ÇA DOIT ÊTRE UN VOLEUR AFFAMÉ, ÇA !

..OU QUI A BESOIN DE SOINS PSYCHIATRIQUES URGENTS, HA !

L'ANTIVOL EST INVISIBLE DE L'EXTÉRIEUR ET EST ACTIVÉ DÈS QU'ON REFERME LA BOÎTE.

IL DÉCLENCHE UNE SIRÈNE QU'ON ENTEND À 100 MÈTRES !

RIKIKI

LE PROBLÈME ÉTAIT LA MINIATURISATION... MAIS J'AI RÉUSSI À TOUT CASER, MÊME LES HUIT PILES !

BON, TOUT EST PRÊT POUR LE TEST...

KID, TU FAIS LE VOLEUR ?

OK.

ÇA MARCHE AUSSI SI ON N'EST PAS À 100 MÈTRES...

MAIS ? SNIF... SNIF ? ÇA SENT LES SANDWICHS AU CHOCOLAT ET AU SALAMI, ICI ?!

SNIF

SNIF

ÇA VIENT DE PAR LÀ ! OH ! LA BOÎTE À SANDWICHS D'HORACE GANG HORACE !

MIAM !

ORDURE !

JE VAIS ME RÉGAL...

KRRRRA

HA ! HA ! TU VAS RIRE ! C'EST LE CHOCOLAT QUI A FAIT COURT-JUS AVEC LE CONDENSATEUR ! T'AS EU UN ÉLECTROCHOCOLAT !

QUELQU'UN VEUT UN TOAST ?

MIEUX, BEAUCOUP MIEUX QU'UNE SIRÈNE, ÇA !

223

UN JOUR, LES PETITS HABITANTS DE LA PLANÈTE X10 DÉCIDÈRENT D'ENVAHIR LA TERRE.

X10

TERRE (X10 BIS)

POUR CE FAIRE, LES XIONS DEMANDÈRENT À LEURS SCIENTIFIQUES DE CONCEVOIR DES MACHINES VOLANTES..

MAIS ILS SE HEURTÈRENT À UN PROBLÈME DE POIDS : LE XION ÉTAIT TROP LOURD !

GRAT GRAT

FLAP FLAP

FLAP

ALORS LES SCIENTIFIQUES EURENT L'IDÉE DE PROCÉDER EN DEUX ÉTAPES : D'ABORD ENVOYER LES CERVEAUX DES XIONS (50% DU POIDS!) ET ENSUITE LES XIONS.

①

X10 ○

②

TERRE (X10 BIS)

ON LOBOTOMISA DONC LES XIONS POUR LEUR EXTRAIRE LE CERVEAU...

...QU'ON ENFERMA DANS DE SOLIDES CONTAINERS INDIVIDUELS...

...AVANT DE LES EXPÉDIER VERS LA TERRE.

222

LA DEUXIÈME ÉTAPE DU PLAN POUVAIT COMMENCER : LE DÉPART DES XIONS.

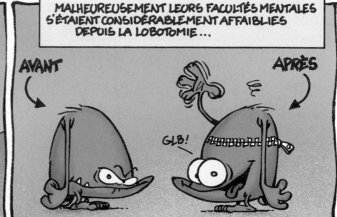

MALHEUREUSEMENT LEURS FACULTÉS MENTALES S'ÉTAIENT CONSIDÉRABLEMENT AFFAIBLIES DEPUIS LA LOBOTOMIE...

AVANT

APRÈS

GLB!

...ET BEAUCOUP DE XIONS RATÈRENT LEUR DÉCOLLAGE...

KLONG

...CERTAINS SE PERDIRENT DANS L'ESPACE...

AAAAGA DOU DOU DOU POUSSE LA ΔΔΔΔ ET MOUDS L'ΨΔΟ!!

...D'AUTRES REVINRENT À LEUR POINT DE DÉPART...

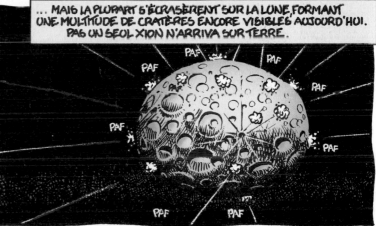

...MAIS LA PLUPART S'ÉCRASÈRENT SUR LA LUNE, FORMANT UNE MULTITUDE DE CRATÈRES ENCORE VISIBLES AUJOURD'HUI. PAS UN SEUL XION N'ARRIVA SUR TERRE.

PAF

QUANT AUX CERVEAUX, ILS SE SONT DESSÉCHÉS EN ATTENDANT LEUR PROPRIÉTAIRE. ON EN TROUVE ENCORE DES MILLIERS CHAQUE ANNÉE... C'EST D'AILLEURS DÉLICIEUX !

ET ON N'A PAS GARDÉ LE NOM "XION"?

ON L'A INVERSÉ POUR FAIRE PLUS JOLI.

2228

LES BONS TRUCS DE TANTE URSULE
Aujourd'hui : donnez un air de gaieté à votre chambre!

Tout ce dont vous avez besoin, c'est un crayon, un cutter (attention, ça coupe fort!) et une lampe avec abat-jour.

Avec le crayon, dessinez sur l'abat-jour de petites formes au gré de votre imagination!

Ça peut être des petits cœurs, des petites fleurs ou, si vous êtes bon en dessin, des petits lapins.

Ensuite, découpez délicatement avec le cutter (attention, ça coupe fort) vos petits dessins.

CLIK

Il ne vous reste plus qu'à allumer la lampe pour voir votre chambre sous un nouveau jour!
Merci, Tante Ursule.

225

BONJOUR, JE VOUDRAIS UN ROYAL BURGER, UNE FRITE ET UN COLA POUR MOI, ET LE MENU JUNIOR AVEC LE GADGET, S.V.P. !

UN BLÖRK VERT, S.V.P. ...

1 MENU JUNIOR = 1 BLÖRK

Y A PLUS DE GADGET. STOCK ÉPUISÉ. KETCHUP AVEC LES FRITES ?

BIP BIP

1 MENU JUNIOR = 1 BLÖRK

STOCK ÉPUISÉ ? HA ! HA ! N'IMPORTE QUOI !

?

1 MENU

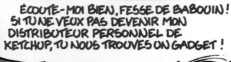

ÉCOUTE-MOI BIEN, FESSE DE BABOUIN ! SI TU NE VEUX PAS DEVENIR MON DISTRIBUTEUR PERSONNEL DE KETCHUP, TU NOUS TROUVES UN GADGET !

1 MENU

ET REMUE-TOI LE BEDON ! JE LE VEUX ICI DANS 3 SECONDES !

DUMB DUMB DUMB

1 MENU

J'EN AVAIS GARDÉ QUELQUES-UNS POUR MES ENFANTS ... CHOISISSEZ CELUI QUI VOUS PLAÎT LE PLUS !

POUR SES ENFANTS ?! OOOOH, QUELLE CHARMANTE ATTENTION !

1 MENU

MAIS DIS-MOI, TÊTE DE LARD, C'EST TRÈS MALHONNÊTE, ÇA !

HEIN ?

QUOI ?

AÏE AÏE

BIP BIP

1 MENU

ALLEZ, RÉPÈTE : "LE CLIENT EST ROI" !

LE CLIENT EST... AÏE... ROI...

PLUS FORT, ON N'A RIEN ENTENDU !

AÏE ! LE CLIENT EST ROI ! AÏE !

COOL ! Y SONT CHOUETTES !

JE PEUX PRENDRE LA BOÎTE ?

BEN, QU'EST-CE QUE TU VEUX QUE JE DISE, MOI ?! SI LE STOCK EST ÉPUISÉ, LE STOCK EST ÉPUISÉ !

KETCHUP ?

22

TOUT D'ABORD, IL FAUT ÉPLUCHER LA PATATE...

...ENSUITE, DESSINER AU COUTEAU UN TRUC MARRANT...

...ET APRÈS AVOIR TREMPÉ LE TOUT DANS DE L'ENCRE, IMPRIMER !

BANZAÏ

BONK BONK BONK

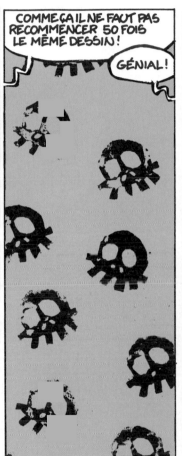

COMME ÇA IL NE FAUT PAS RECOMMENCER 50 FOIS LE MÊME DESSIN !

GÉNIAL !

ET L'ENCRE NE PART PAS AU LAVAGE ?

PAS DE PROBLÈME ! ENCRE INDÉLÉBILE, QUALITÉ TOP !

LE PLUS DUR EST DE RÉUSSIR LE DESSIN SUR LA PATATE, C'EST PAS FACILE, C'EST PAS TRÈS PRÉCIS...

TU T'EN ES BIEN TIRÉ !

BEN, C'EST UNE CHOUETTE SURPRISE POUR LA FÊTE DES PÈRES...

IL SERA CONTENT !

KID PADDLE !

226

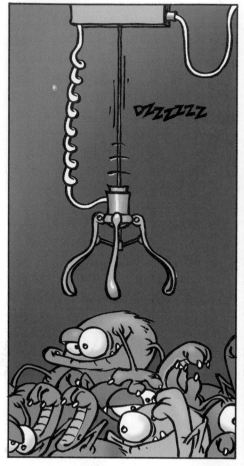

CECI EST UNE INTERRO SURPRISE.

L'INDIVIDU QUI SE CACHE DERRIÈRE CETTE STUPIDE CASQUETTE VERTE, LÀ... HOP, AU TABLEAU!

AAAH! BONJOUR, MONSIEUR PADDLE! BIEN DORMI CE MATIN? VOYONS.. QUE POUVEZ-VOUS NOUS RACONTER D'INTÉRESSANT À PROPOS DE LA THÉORIE DES ENSEMBLES?

PAS GRAND-CHOSE, J'IMAGINE! ALLEZ, HOP! TRACEZ-MOI D'ABORD L'ENSEMBLE Ⓐ QUI INCLUT DES GROSSES BILLES BLANCHES...

JE VOUS AIDE: CET ENSEMBLE DOIT CONTENIR AU MOINS UNE GROSSE BILLE BLANCHE.

TRACEZ ENSUITE L'ENSEMBLE Ⓑ QUI INCLUT DES PETITES BILLES BLANCHES...

ASTUCE: L'ENSEMBLE Ⓐ ET L'ENSEMBLE Ⓑ SE CROISENT MAIS LEUR INTERSECTION EST VIDE!

L'ENSEMBLE Ⓒ, QUANT À LUI, INCLUT DES PETITS TRIANGLES. LES ENSEMBLES Ⓐ, Ⓑ ET Ⓒ SONT LES ÉLÉMENTS DU GRAND ENSEMBLE Ⓓ!

MAINTENANT COMPLIQUONS UN BRIN AVEC UN PEU DE GÉOMÉTRIE, TRACEZ-MOI DEUX PETITS CERCLES TANGENTS À L'ENSEMBLE Ⓓ...

VOUS SUIVEZ TOUJOURS? HA! HA!

ET TERMINONS PAR QUELQUES SÉCANTES DE LONGUEURS VARIÉES PÉNÉTRANT L'ENSEMBLE Ⓓ!

PASSONS À LA CORRECTION, ÇA VA SAIGNER!

VOUS POUVEZ RETOURNER À VOTRE PLACE, MONSIEUR PADDLE...

COOL!

YEAH!

YO!

230B

SNIF
SNIF
SNIF

KROK
KRRR

MMM

KROK !

KROK
KROK
KROK
KROK

KROK
KROK CLAP ?

BEN, TOUT A MARCHÉ COMME PRÉVU...

TU LUI AS MIS COMBIEN DE PIÈCES ?

ASSEZ POUR QU'IL NOUS LAISSE TRANQUILLE TOUTE L'APRÈS-MIDI !

MON CHIEN ? UN VRAI FAUVE, CHER MONSIEUR !
UN CROISEMENT ENTRE PIT-BULL ET ROTWEILER,
LE TOP DU TOP EN CHIEN DE GARDE...
FAUT BIEN ÇA POUR SURVEILLER
MA SALLE DE JEUX !

ET EN GARDIENNAGE, IL A QUELQUES HEURES DE VOL :
TROIS ANS D'EXPÉRIENCE À L'ARMÉE ! JE VAIS L'APPELER,
IL DOIT FAIRE SA RONDE...

RADAR ?

FUMP
FUMP

231

BON, TRÈS BIEN ! TU L'AURAS VOULU, JE MONTE À 18 BOUSES DE VACHE !

IL MONTE À 18 !

HA! HA! TU NE ME FAIS PAS PEUR, KID ! JE TIENS LES 18 ET J'AUGMENTE DE 3 CAMEMBERTS BIEN FAITS...

DES CAMEMBERTS ?! MAIS MON CHER, C'EST UN JEU D'ENFANT ! J'EN PRENDS 7 SI JE VEUX...

NOUS AVONS 18 BOUSES ET 7 CAMEMBERTS À MA DROITE !

AH OUI ? BEN, TU NE ME LAISSES PAS LE CHOIX ! JE RAJOUTE ...

JE RAJOUTE 3 CACAS DE CHIEN !

PLUS 3 CROTTES À MA GAUCHE !

OK ! ET BIEN J'IRAI JUSQU'AU CADAVRE EN PUTRÉFACTION !

OUUUUH ! EN ÉVITANT LES TAPETTES ?! COSTAUD, ÇA !

TU N'ÉVITERAS PAS LES TAPETTES ... TU ES FOUTU.

PAS DE SURENCHÈRES ?

BON, C'EST KID QUI COMMENCE ALORS ...

JE VOUS RAPPELLE QUE VOUS N'AVEZ DROIT QU'À UNE SEULE PARTIE CHACUN.

IL N'ARRIVERA JAMAIS AU CADAVRE DU DERNIER NIVEAU...

C'EST PARTI !

232

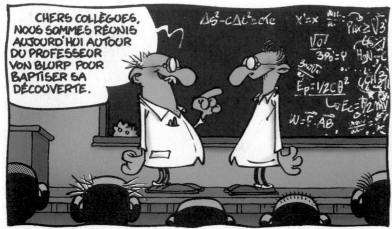

◆ PHYS. Hygromètre d'absorption indiquant approximativement le degré d'humidité de l'air. *L'hygroscope au chlorure de cobalt vire du bleu au rose par temps humide.*

HYGROSCOPIE igrɔskɔpi] n.f. – 1839; de *hygroscope* ◆ PHYS. Hygrométrie.

HYGROSCOPIQUE [igrɔskɔpik] adj. – 1803 ; de *hygroscope*
◆ PHYS. Qui a rapport à l'hygroscope ou à l'hygroscopie. ◊ Qui absorbe l'humidité de l'air. *Sels hygroscopiques.*

HYKZQWX : [´ikszkwiks] n.m. – 2000 ; n. déposé par l'inst. des sciences atomiques. ◆ PHYS. Microscopique particule atomique de charge nulle et de masse nulle. Son rôle au sein du quark demeure inconnu à ce jour. *« Nom d'un chien, ce hykzqwx est minuscule ! »* (Von Blurp).

HYLOZOÏSME [ilozɔism] n.m. – 1765 ; de *hylo-* et gr. *zôê* « vie »

C'EST LA PREMIÈRE FOIS QUE STEVE ME DONNE RENDEZ-VOUS SUR CETTE PLANÈTE...

J'ENLÈVE MON CASQUE ! STEVE DIT TOUJOURS : "CINDY, ÔTEZ CE CASQUE QUI CACHE VOTRE MAGNIFIQUE CHEVELURE !...

IL EST COMME ÇA, STEVE !

IL N'Y A PERSONNE ICI... TANT MIEUX, ON SERA JUSTE NOUS DEUX...C'EST PLUS ROMANTIQUE !

LE PAYSAGE EST MAGNIFIQUE ! TOUTES CES COULEURS...

EN TOUT CAS, IL FAIT BIEN CHAUD ! JE REVIENDRAI AVEC DES COPINES POUR BRONZER.

AVEC JULY. AH, NON ! PAS AVEC JULY ! ELLE VIENT DE SE FAIRE REFAIRE LE NEZ ! ...CHEZ LE MÊME CHIRURGIEN QUE MOI D'AILLEURS !

MAIS QU'EST-CE QU'IL FICHE ?! IL A DÉJÀ 15 MINUTES DE RETARD !

J'AI HORREUR D'ATTENDRE !

SALUT, CINDY ! WOAW, VOUS ÊTES TRÈS EN BEAUTÉ CE SOIR !

STEVE ! JE SUIS FOLLE FURIEUSE ! VOUS ÊTES EN RETARD !

TIENS ? VOUS AVEZ ENLEVÉ VOTRE CASQUE ? VOUS NE SAVIEZ PAS QUE CETTE PLANÈTE EST RADIOACTIVE ?

RADIO? NE ME PRENEZ PAS POUR UNE IDIOTE, STEVE ! IL N'Y A PERSONNE ICI... PAS DE RADIO, MÊME PAS D'ANTENNE...

J'AI PERDU MON ASTRO-STEVE ET MON ASTRO-CINDY !

ET ALORS? MOI, J'AI PERDU MON PISTOLET À CHALEUR POUR DÉCAPER, ET J'EN FAIS PAS TOUT UN CINÉMA !

234

J'ADORE LE CINÉMA!

J'ACHÈTERAI DES CARAMELS MOUS À L'ENTRACTE!

OUAIS... BEN AVANT IL FAUT RÉUSSIR À ENTRER...

ATOMIC LOBOTOMY

ENFANTS NON ADMIS!

NOUS ALLONS RUSER.

METS L'IMPER ET CETTE FAUSSE MOUSTACHE...

UNE MOUSTACHE?! WOW, GÉNIAL!

MARRANT, ÇA CHATOUILLE!

DE QUOI J'AI L'AIR?

D'UN TYPE BANAL QUI VA VOIR "ATOMIC LOBOTOMY"! TU ES PARFAIT! O.K, TU MONTES SUR MES ÉPAULES ET ON Y VA...

OUI?

BONJOUR, MONSIEUR. JE VOUDRAIS UNE PLACE POUR AT.. AT...

ATOMIC LOBOTOMY?

AT..AT..AT...

?

ATCHA!

BONK

MONSIEUR?

HORACE?

SON CERVEAU RESSEMBLE PLUS À UN CARAMEL MOU QU'À UN CERVEAU MAIS IL SE REMETTRA VITE...

OUI, PAR ICI, MADEMOISELLE!

236

31

BONJOUR, JE VOUDRAIS DEUX CORNETS, S.V.P. !

VANILLE OU FRAISE ?

UN DE CHAQUE, MERCI.

ET VOILÀ, CHER MONSIEUR, ÇA NOUS FAIT SIX PLUTONOUX !

SIX PLUTONOUX ?! HMM... L'ANNÉE PASSÉE, C'ÉTAIT TROIS PLUTONOUX !

EUH... OUI, MAIS C'EST PARCE QU'IL Y A DEUX FOIS PLUS DE MONDE ...

À CE PRIX-LÀ, VOUS DEVEZ ÊTRE UNE PLUTONIENNE MILLIARDAIRE, HA! HA!

OH, VOUS SAVEZ.. MOI JE NE SUIS QU'UNE EMPLOYÉE !

PROBLÈME, JEANNINE ?

VOUS ÊTES LE CHEF PLUTONIEN ? JE DISAIS À MADEMOISELLE QUE VOTRE PLANÈTE DEVIENT DE PLUS EN PLUS CHÈRE ...

OUI... EUH... MERCI, JEANNINE.. EUH.. MON FOURNISSEUR A AUGMENTÉ SES PRIX...

MAIS ATTENTION, HEIN ! CE SONT LES MEILLEURES GLACES DE LA GALAXIE ! VOUS POUVEZ COMPARER...

JE N'Y MANQUERAI PAS ! NOUS IRONS EN PRENDRE UNE SUR MARS TOUT À L'HEURE ...

BAR PLUTON

DERNIÈRE FOIS QUE JE FAIS LE SALON DU JEU VIDÉO ! LES CLIENTS SONT DIFFICILES ET LA CONCURRENCE RUDE...

LA PROCHAINE FOIS, ON IRA AILLEURS, PARCE QUE TES PLUTONIENS, HEIN ! MERCI !

SEGAGA

NIKTENDO

BAR VENUS

BAR MARS

1 PLUTONOUX = 1 EURO

23

J'AI UN ONCLE MÉDECIN, UN ITALIEN. IL TRAVAILLE AU SERVICE "ABCÈS ET FURONCLES RARES ET TROPICAUX"...

WOAW !

TU LES VENDS COMBIEN ?

VENDRE LES PHOTOS ?! BEN, J'Y AVAIS PAS PENSÉ... MON ONCLE ME LES A SEULEMENT PRÊTÉES...

C'EST DOMMAGE, JE T'EN AURAIS PRIS UNE OU DEUX...

HMM.. ON PEUT PEUT-ÊTRE S'ARRANGER... TU PRENDRAIS LESQUELLES ?

BEN, CELLE-CI ! ELLE EST VRAIMENT TERRIBLE !

HOULÀ ! T'AS PAS DE CHANCE ! TU AS CHOISI LA "PURULAX EXPLOSUS",... TRÈS RARE ! TRÈS CHER !

CELLE-LÀ, JE PEUX PAS TE LA LAISSER À MOINS DE DEUX EUROS.. MON ONCLE SERAIT FURIEUX !

JE COMPRENDS...

ÉCOUTE, JE TE FAIS UN PRIX. C'EST DEUX EUROS MAIS TU PEUX PRENDRE UNE DEUXIÈME PHOTO AU CHOIX ET TU PAIES QUAND TU VEUX.

TOPE LÀ !

DIS, TU LES VENDS, TES PHOTOS ?

TRÈS BON CHOIX, CAROLE ! LA "PURULAX EXPLOSUS" AUX 4 FROMAGES A BEAUCOUP DE SUCCÈS ! PAAAARFAIT... SUIVANTE !

KLIK

KLIK

KLIK

Mario Pizza

KLIK

238

UNE MOUSTACHE POUR FAIRE PLUS VIEUX?! ÇA SERT À RIEN, ÇA ME FAIT ÉTERNUER... JE DOIS ÊTRE ALLERGIQUE AU NYLON...

CELLE-CI EST SPÉCIALE: 100% NATURELLE ET TRAITÉE ANTIALLERGIQUE!

AUTOPSIE SUR SUJET VIVANT

INTERDIT AUX - DE 18ANS

MOUAIS.. ÇA A L'AIR D'ALLER ... MAIS J'ESPÈRE QU'ON N'A PAS DÛ TUER UN MOUSTACHU POUR LA FABRIQUER! J'AIME PAS LES CHASSEURS, MOI!

JE DEMANDERAI AU VENDEUR... EN ATTENDANT, METS L'IMPER ET MONTE SUR MES ÉPAULES.

MONSIEUR?

OUI, EUH.. UNE PLACE POUR "AUTOPSIE SUR SUJET VIVANT", S.V.P.

AH? VOUS PORTEZ LA MOUSTACHE! ELLE VOUS VA TRÈS BIEN!

MERCI!

PERSONNELLEMENT, J'UTILISE DU SAVON DE MARSEILLE POUR L'ENTRETENIR... ÇA L'ADOUCIT! JE VOUS LE CONSEILLE!

OH, MAIS LA MIENNE EST TRÈS DOUCE ...

240

100% NATURELLE ET ANTIALLERGIQUE... TOUCHEZ VOIR SI C'EST DOUX!

FAUT FAIRE GAFFE: CE TYPE EST FUTÉ! IL NOUS A MAGNIFIQUEMENT PIÉGÉS!

OUAIS! ON ENTRAIT À UN POIL PRÈS!

IL EST BEAU, HEIN ?

NOM D'UN PETIT BONHOMME, IL N'EST PAS POUR RIEN TON JOUET !

C'EST NORMAL : IL EST ÉLECTRIQUE, IL PARLE ET IL FRAPPE VRAIMENT !

LE TOP DU TOP !

BON, ÉCOUTE : JE VEUX BIEN TE L'OFFRIR MAIS À UNE CONDITION...

GÉNIAL !

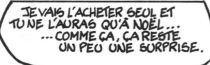

JE VAIS L'ACHETER SEUL ET TU NE L'AURAS QU'À NOËL... ...COMME ÇA, ÇA RESTE UN PEU UNE SURPRISE.

EN AVANT LES AMIS ! TOUS AVEC MOI ! ♪ FANFARE !

TOM TOM TOM

...OUI, IL EST ÉLECTRIQUE ! IL PARLE ET IL FRAPPE VRAIMENT !

ÇA FAIT LONGTEMPS QU'IL LE VOULAIT...

PETIT CACHOTTIER !

TU NE M'AS JAMAIS DIT QUE TU AVAIS UN COUTEAU ?!

FISTON, SI JE TE DISAIS TOUT SUR MOI, TU FERAIS DES CAUCHEMARS... MAIS PUISQUE TU ES LÀ, ENTRE.

C'EST L'HEURE DE MON ENTRAÎNEMENT QUOTIDIEN.

COBRA XR3 BIS, VERSION PARA-COMMANDO. LAME DOUBLE TRANCHANTE EN ACIER TREMPÉ INOXYDABLE.

RECONNU POUR SON PARFAIT ÉQUILIBRE QUI AUTORISE UN LANCER...

SNAP !

...D'UNE ASSEZ GRANDE PRÉCISION, POUR QUI SAIT S'EN SERVIR, BIEN SÛR !

NOUS AVIONS L'HABITUDE DE DIRE QU'UN COBRA BIEN UTILISÉ VALAIT DEUX MITRAILLEUSES M-60, HA! HA!

TCHAK

PENDANT LA GUERRE DU VIET-NAM, IL A ÉTÉ MON PLUS FIDÈLE AMI, YES SIR !

TAK TAK TAK

WOAW ! WOAW ! WOAW !

ÇA, UN COUTEAU ?! AH, NON... C'EST UN COUPE-PAPIER, HA! HA!

AH? L'AMICALE DES PHILATÉLISTES AMATEURS ORGANISE UN COCKTAIL ! CHIC !

242

MAIS C'EST LE FAMEUX SIMULATEUR DE VOL ENTIÈREMENT ÉLECTRONIQUE DE LA ROYAL AIR FORCE ?!

AH! KID! TU TOMBES BIEN! JE VAIS TENTER DE PULVÉRISER MON RECORD DE BALANCEMENTS!

BON, BEN VOILÀ! LE NOUVEAU RESSORT EST MONTÉ...

UN NOUVEAU RESSORT?

PLUS SOLIDE, IL SE BALANCERA PLUS VITE.

MOUAIS, PAS MAL... BEAUCOUP PLUS CONFORTABLE!

TOING TOING

TOING TOING

BON, VOYONS CE QUE CET ENGIN A DANS LE VENTRE...

HOP!

MMH... IL TIRE UN PEU À GAUCHE MAIS JE PEUX CONTRÔLER FACILEMENT...

BONNE BÉCANE!

DÉCONTRACTION AVANT L'EXPLOIT.

BON, O.K. C'EST PARTI!

HÉ KID, TU PEUX APPELER LE GUINNESS BOOK DES RECORDS.

MÉFIE-TOI, C'EST QUAND MÊME UN RESSORT PUISSANT!

BONK

BONK

ALLÔ, LE GUINNESS BOOK? CE SERAIT POUR INSCRIRE UN AMI À LA RUBRIQUE "FRACTURES MULTIPLES"...

DIS QU'ON A DES RADIOGRAPHIES...

244

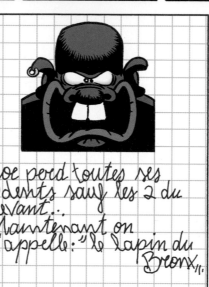
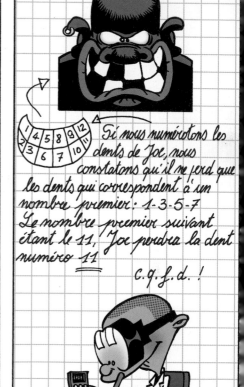

MMH... QUEL CALME DEPUIS QUE JE LUI AI OFFERT CETTE ENCYCLOPÉDIE DE 2000 PAGES !

SAINE DISTRACTION, ÇA...

UN DESSIN PAR PAGE SUR LA MARGE ?! PFIOUU, QUEL BOULOT ! DONC, C'EST CINDY QUI A UNE CRISE D'ÉLÉPHANTIASIS AIGUË ET ELLE ADOPTE UN PETIT CHIEN, C'EST ÇA ?

FLIP FLIP FLIP

C'EST UN RAT QUI PASSE. LE RAT LA MORD ET ELLE ATTRAPE LA PESTE BUBONIQUE...

MON PASSAGE PRÉFÉRÉ !

ILS N'ONT RIEN À ENVIER AUX MONSTRES LES PLUS REPOUSSANTS DES MEILLEURS FILMS D'ÉPOUVANTE.

LES MOISISSURES, QUI PROSPÈRENT GRÂCE À NOTRE TRANSPIRATION, FONT LEURS REPAS QUOTIDIENS.

MAIS CE QU'ILS PRÉFÈRENT PAR-DESSUS TOUT, CE SONT NOS PETITES PEAUX MORTES...

...ET QUAND LA NOURRITURE FAIT DÉFAUT, ILS N'HÉSITENT PAS À S'ENTRE-DÉVORER.

ON PEUT TROUVER PLUSIEURS MILLIERS D'INDIVIDUS PAR CENTIMÈTRE CARRÉ.

CES CRÉATURES DE CAUCHEMAR FONT POURTANT PARTIE DE NOTRE QUOTIDIEN.

ELLES VIVENT DANS LES MATELAS ET DANS LES OREILLERS.

ON LES APPELLE "ACARIENS DU LIT". IL EXISTE DE NOMBREUSES ESPÈCES. IL Y A D'ABORD LE "DERMATOPHAGOÏDE T-REXUS". CE PRÉDATEUR CISAILLE SES PROIES GRÂCE À SES ÉNORMES PINCES TRANCHANTES; ENSUITE, IL...

24

MOI J'ABANDONNE... LE COUP DE L'IMPER, ÇA NE MARCHERA JAMAIS.

PFF.. DIS PLUTÔT QUE TU NE FAIS PAS LE POIDS!

BON, CETTE FOIS JE PRENDS LA DIRECTION DES OPÉRATIONS.

HA! HA!

INTERDIT AUX MOINS DE 18 ANS

JE MONTE SUR TES ÉPAULES ET J'ACHÈTE LE TICKET.

O.K.

MONSIEUR? JE VOUDRAIS UNE PLACE POUR "MASSACRE AU SÉCATEUR", S.V.P.!

AAAH! TRÈS BON FILM, ÇA! JE DIRAIS MÊME QUE C'EST UN CLASSIQUE DANS LE GENRE!

IL A GAGNÉ LE PRIX DE LA TRIPE D'OR L'ANNÉE PASSÉE, UNE RÉFÉRENCE!

COOL!

BLA BLA.. MÊME RÉALISATEUR QUE "LA CAROTTE EST ENCORE VIVANTE" BLA BLA.. UN VÉRITABLE ARTISTE.. BLA BLA.. AUCUNE CONCESSION...

GNN

BLA BLA.. 3 ANS D'HÔPITAL PSYCHIATRIQUE.. BLA BLA.. ÉTUDES DE CINÉMA EN ATELIER PROTÉGÉ.. BLA BLA...

GN..

BLA BLA.. MAÎTRISE INÉGALÉE DE LA CAMÉRA.. BLA BLA.. ..CAPABLE DE FILMER 3000 ASTICOTS EN UN SEUL PLAN BLA.. BLA...

BLA BLA.. AUTEUR TRÈS RICHE.. BLA.. BLA.. A OUVERT UNE BOUCHERIE À LOS ANGELES.. BLA.. BLA..

BEN MON VIEUX, TU PÈSES TON POIDS TOI, HEIN?!

OUAIS, ET POURTANT JE N'AI PAS ÉTÉ À LA HAUTEUR, HA! HA!

(248)

SPROTCH

BOP

BOP BOI

BAM
BAM
BAM

FTOU!

SPROTCH SPROTCH

SPROTCH

BAM BAM BAM

SPROTCH SPROTCH SPROTCH

SPROTCH SPROTCH SPROTCH SPROTCH

BOP

GRAT GRAT GRAT

?

Chaque semaine,

KID PADDLE

bat ses propres

records dans

SPiROU

et sur

SPiROU.COM